AF326266

PETITS DEVOIRS

DE MUSIQUE

et dictées vocales

à l'usage des Commençants

PAR

ALEXANDRE BRODY

Ces petits EXERCICES ÉCRITS, mis à la portée des Commençants, constituent un puissant auxiliaire pour apprendre rapidement à lire la Musique. Ils servent en même temps de petites Leçons de Solfège et de Dictées vocales et peuvent être employés dès les premières leçons.

PRIX DE L'OUVRAGE.

avec un CAHIER de MUSIQUE de 24 pages à 12 portées.

— 60 c. net —

Cet Ouvrage sert d'Introduction à la 1ʳᵉ partie des Devoirs de Musique du même Auteur

PARIS.

chez A. BRODY, 40, Rue du Chateau d'Eau.

et chez tous les Libraires et Marchands de Musique

Tous droits et Reproduction réservés pour tous pays. Déposé

1875

PRÉFACE

De même que l'Enseignement de la Grammaire, de l'Histoire de l'Arithmétique etc. exige dès les débuts de fréquents *Exercices écrits*, des *Lectures* et des *Devoirs continuels*, qui joignent la pratique à la théorie et qui *seuls garantissent les progrès*, de même est-il indispensable pour l'Enseignement du *Chant*:

1° Que les élèves s'exercent, dès les premières leçons dans l'**écriture musicale** pour acquérir au plus vite la **lecture prompte des notes**.

2° Qu'ils chantent dans chaque leçon quelques petits exercices très élémentaires et bien gradués **sous la dictée du professeur**, moyen infaillible pour développer l'oreille et la mémoire.

3° Qu'ils soient également tenus d'écrire pour chaque leçon comme **devoir**, les mêmes exercices qui auront servi de **dictées vocales**, travail préparatoire à la dictée écrite qui ne prend que quelques minutes et dont les excellents résultats ne se feront certes pas attendre.

Afin de rendre ces exercices très faciles et accessibles aux jeunes commençants, nous représentons les notes par leurs initiales dont les formes et grosseurs différentes correspondent aux différentes valeurs de notes. Les élèves **transcriront** ces exercices (qui auront été préalablement solfiés et sur le livre et sous la dictée) **en notes sur la portée** en se rendant bien compte de la valeur et de l'intonation de chaque note.

Chaque Devoir ne comprend qu'un nombre *très restreint* d'exercices que le professeur multipliera à son gré, en donnant selon la force des élèves 2 ou 3 devoirs à la fois à faire pour chaque leçon.

Nous avons la ferme conviction que nos **Devoirs de Musique** qui s'adaptent à *toutes les Méthodes* dont ils deviennent la récapitulation continuelle par écrit, contribueront puissamment à *accélérer et abréger* les *premières études* de la *Musique Vocale* dans les classes nombreuses des *Écoles Primaires, Pensionnats, Collèges*, etc., d'autant plus que l'adoption de cet ouvrage, *seul de ce genre*, n'entraînera qu'à une dépense très modique.

Puissions nous être assez heureux pour contribuer par notre modeste ouvrage à faciliter et à propager l'Étude élémentaire de la Musique vocale jusqu'aux plus petites communes.

Alexandre BRODY.

Du même Auteur Solfège Pratique (6e Éd.) à l'Usage des Écoles Norm. Collèges, Pensionnats et Écoles primaires. — Ouvrage autorisé pour les Écoles Communales de la Ville de Paris. Prix net: 1re Partie 75 — 2e Partie 1f25 — 3e Partie 1f25 — Les 3 Parties réunies et cartonnées 3f50. (France)

PETITS DEVOIRS DE MUSIQUE
et Dictées vocales
PAR
ALEXANDRE BRODY.

Copiez les Exercices N°1 à 44 sur du papier de Musique ou sur une ardoise avec des portées musicales en mettant toujours le nom au-dessous de chaque note.

2
4ᵉ Devoir.
Si Ré Si Ré Ré Si Si Si Si Ré Ré Si Ré Si Sol Mi
Si Ré Fa Fa Fa Fa Si Si Ré Ré Sol Sol Fa Ré Si Sol
5ᵉ Devoir.
Do Do Do Do Do Do Do Do
Si Si Si Si Si Si Si Si
6ᵉ Devoir.
La La La La La La La La
Si Si Si Si Si Si Si Si

7ᵉ Devoir.

8ᵉ Devoir.

9ᵉ Devoir.

10.e Devoir.

11.e Devoir.(*)

Transcrire les Devoirs suivants en Notes sur la Portée en Clef de Sol

Les Exercices N.os 45 à 68 se composent de *Noires* et de *Silences*; chaque initiale désigne le nom de la note et représente en même temps la valeur d'une *Noire*.

La petite barre *au dessus* de la lettre indique les notes aiguës à partir du $\bar{D}$o dans le 3.e Intervalle. Exemple ....

La petite barre *au dessous* de la lettre indique les notes graves à partir du $\underline{S}$i au dessous de la portée. Exemple ....

EXEMPLE.

Exercice en Lettres   2/4   D Si | D R M F | Sol Sol | L Sol | L Si | D̄ D̄ | Si D̄ ‖

Transcription du même Exercice en *Notes* sur la *Portée*.

12e. Devoir.(*)

45.   2/4   D R | R M | M F | F Sol | Sol L | L Si | Si D̄ | R̄ D̄ | D̄ Si |
  Si L | L Sol | Sol F | F M | M R | R D | Si D | R D | Si D ‖

46.   2/4   D R | R D | R M | M R | M F | F M | F Sol | Sol F |
  Sol L | L Sol | L Si | Si L | Si D̄ | R̄ D̄ | Si D̄ | Si D̄ ‖

13e. Devoir.

47.   2/4   D R | M R | M F | Sol Sol | L Sol | F M | F M | R D ‖
48.   2/4   D R | M M | M F | Sol Sol | L Sol | F M | R D | Si D ‖
49.   2/4   D D | R D | R M | F F | M R | M D | R M | R R |
  D D | R D | R M | F F | M F | M R | R D | Si D ‖

14e. Devoir.

50.   2/4   D R | M M | F M | R R | M F | Sol Sol | F M | R R |
  D R | M M | F M | R R | M F | Sol M | F R | R D ‖
51.   2/4   D D | D R | M M | M R | D D | M M | M R | R M |
  D D | D R | M M | M R | D F | M R | R D | Si D ‖

15e. Devoir.

52.   2/4   M R | D D | R M | F F | Sol F | M M | F M | R R |
  M R | D D | R M | F F | M F | Sol F | M R | R D ‖
53.   2/4   D R | M R | M F | Sol Sol | L Si | D̄ Si |
  L Si | D̄ Sol | L Si | D̄ Si | L Si | D̄ D̄ ‖
54.   2/4   Sol Sol | L L | Sol Sol | F M | F F | M R | D R | M F |
  Sol Sol | L L | Sol Sol | F M | F F | M R | R D | Si D ‖

(*) 1° Chaque Exercice sera d'abord solfié. (Voir page 15, Exercice N° 185.)

2° Il servira ensuite de Dictée vocale c'est-à-dire le Professeur le fait entendre lentement en vocalisant ou avec un instrument par 1 ou 2 sons à la fois (plus tard par 3 ou 4 sons jusqu'à 2 mesures à la fois) en battant la mesure et en accentuant le 1er temps de chaque mesure; les élèves répètent immédiatement de mémoire les sons entendus en solfiant (en chantant le nom des notes) et en indiquant les silences.

3° Les mêmes exercices seront ensuite transcrits en Notes sur la Portée en Clef de Sol et formeront le Devoir que les élèves auront à faire dans l'intervalle des leçons et qu'ils solfieront en battant la mesure, après les avoir corrigés, d'après la transcription faite au tableau par le Professeur.

16. Devoir.

55. $\frac{2}{4}$ | D M | R F | M Sol | F L | Sol S_1 | L D̄ | S_1 R̄ | D̄ M̄ |
R̄ S_1 | D̄ L | S_1 Sol | L F | Sol M | F R | M D | S_2 D ‖

56. $\frac{2}{4}$ | D M | Sol M | D M | Sol M | R F | L F | R F |
L F | M Sol | S_1 Sol | M Sol | S_1 Sol | F L | D̄ L |
Sol S | R̄ S_1 | D̄ S_1 | D̄ M̄ | Sol S_1 | R̄ S_1 | D̄ D̄ | S_1 D̄ ‖

17. Devoir.

57. $\frac{2}{4}$ | M F | Sol Sol | L Sol | Sol M | M F | Sol Sol | F M | M R |
M F | Sol L | S_1 L | Sol M | M F | Sol Sol | F R | R D ‖

58. $\frac{2}{4}$ | Sol M | Sol M | F Sol | L L | Sol M | Sol M | Sol F | R R |
Sol M | Sol M | F Sol | L L | Sol D̄ | S_1 R̄ | D̄ D̄ | S_1 D̄ ‖

59. $\frac{2}{4}$ | D̄ D̄ | S_1 S_1 | D̄ D̄ | S_1 S_1 | D̄ S_1 | L Sol | L Sol | F M |
D̄ D̄ | S_1 S_1 | D̄ D̄ | S_1 S_1 | D̄ L | D̄ L | Sol D̄ | S_1 D̄ ‖

18. Devoir.

60. $\frac{2}{4}$ | D D | 𝄼 | R D | 𝄼 | R 𝄽 | M 𝄽 | F 𝄽 | Sol 𝄽 | D D | 𝄼 | R D | S_1 D ‖

61. $\frac{2}{4}$ | D̄ S_1 | L Sol | Sol 𝄽 | 𝄼 | L Sol | F M | M 𝄽 | 𝄼 |
R M | F Sol | M 𝄽 | 𝄼 | R M | F Sol | D 𝄽 | 𝄼 ‖

19. Devoir.

62. $\frac{2}{4}$ | Sol L | S_1 Sol | L L | L 𝄽 | Sol L | S_1 Sol | L S_1 | L 𝄽 |
Sol L | S_1 Sol | L L | L 𝄽 | S_1 Sol | L S_1 | L Sol | Sol 𝄽 ‖

63. $\frac{2}{4}$ | Sol L | S_1 D̄ | R̄ D̄ | L L | Sol L | S_1 R̄ | D̄ S_1 | L 𝄽 |
Sol L | S_1 D̄ | R̄ D̄ | L L | S_1 R̄ | D̄ L | L Sol | Sol 𝄽 ‖

20. Devoir.

64. $\frac{2}{4}$ | D R | M F | Sol 𝄽 | S_1 𝄽 | L S_1 | D̄ L | Sol 𝄽 | Sol 𝄽 |
F M | R F | M R | D M | R D | S_1 R | D 𝄽 | D̄ 𝄽 ‖

65. $\frac{2}{4}$ | Sol Sol | F M | F F | M R | D M | Sol D̄ | D M | Sol D̄ |
Sol Sol | F M | F F | M R | D M | Sol D̄ | L S_1 | D̄ 𝄽 ‖

21. Devoir.

66. $\frac{2}{4}$ | D S_1 | D S_2 | D M | Sol M | D M | Sol D | R Sol | F R |
D S_1 | D S_2 | D M | Sol M | Sol D̄ | Sol M | R D | S_2 D ‖

67. $\frac{2}{4}$ | D̄ Sol | D̄ Sol | Sol M | Sol M | R D | F M | R 𝄽 | Sol 𝄽 |
D̄ Sol | D Sol | Sol M | Sol M | R D | F M | R Sol | D 𝄽 ‖

22. Devoir.

68. $\frac{2}{4}$ | Sol L | Sol D̄ | S_1 R̄ | D̄ L | S_1 L | S_1 M̄ | R̄ L |
S_1 𝄽 | Sol L | Sol D̄ | S_1 R̄ | D̄ L | S_1 L | S_1 M̄ |
R̄ L | S_1 𝄽 | R̄ L | S_1 S_1 | R̄ S_1 | D̄ M̄ | R̄ Sol | D̄ 𝄽 ‖

23ᵉ. Devoir.[*]

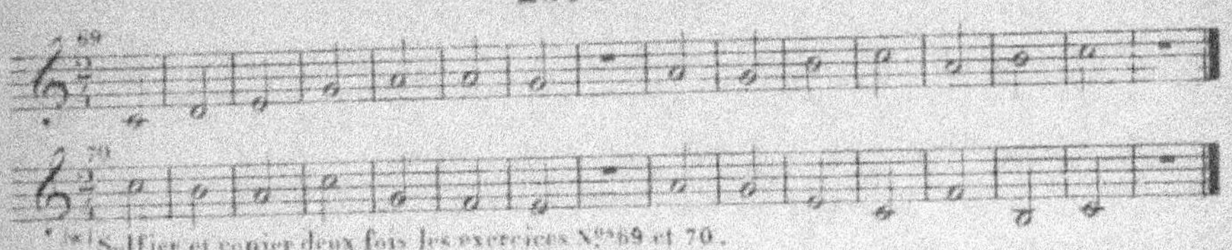

[*] Solfier et copier deux fois les exercices Nᵒˢ 69 et 70.

24ᵉ. Devoir.

Les exercices Nᵒˢ 71 à 75 se composent de *Blanches* et de *Demi-Pauses*; chaque Initiale représente outre le nom de la note, la valeur d'une *Blanche*.

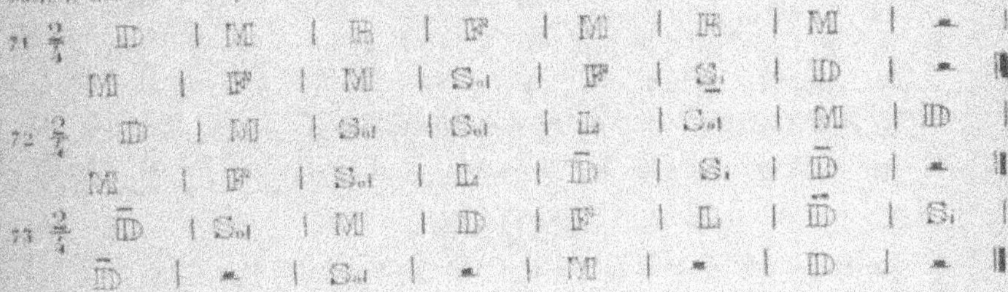

71 2/4 D | M | R | F | M | R | M | ▬ |
M | F | M | Sol | F | Si | D | ▬ ‖

72 2/4 D | M | Sol | Sol | L | Sol | M | D |
M | F | Sol | L | $\overline{D}$ | Si | $\overline{D}$ | ▬ ‖

73 2/4 $\overline{D}$ | Sol | M | D | F | L | $\overline{D}$ | Si |
$\overline{D}$ | ▬ | Sol | ▬ | M | ▬ | D | ▬ ‖

25ᵉ. Devoir.

74 2/4 D | M | F | M | R | Sol | M | ▬ | Sol | Si | $\overline{D}$ |
Si | L | $\overline{R}$ | Si | ▬ | $\overline{D}$ | M | F | M | R | Sol | D ‖

75 2/4 Sol | L | Sol | M | R | M | R | D |
Sol | $\overline{D}$ | $\overline{M}$ | $\overline{D}$ | L | Sol | $\overline{D}$ | D ‖

26ᵉ. Devoir.

76 2/4 D | D R | M | R R | M F Sol | L | Sol Sol |
L | Si $\overline{D}$ | Si | L L | Sol | F M | R | D ‖

77 2/4 D | M D | M R | R | F R | F | M | F Sol | L Si | $\overline{D}$ L |
Si $\overline{D}$ | Si | L | Sol | ▬ | L Sol | F | M F | Sol | L Sol | F | M R | D ‖

27ᵉ. Devoir.

78 2/4 L | Si | $\overline{D}$ | Si | L Sol | F M | R D | R M | L |
Si | $\overline{D}$ | Si | L Si | $\overline{D}$ Si | L | ▬ | $\overline{D}$ Si | L ‖

79 2/4 Sol | L | Si $\overline{D}$ | Si $\overline{D}$ | $\overline{R}$ | $\overline{D}$ | Si L | Sol F |
Sol | L | Si $\overline{D}$ | Si $\overline{D}$ | $\overline{M}$ | $\overline{R}$ | $\overline{D}$ | Sol $\overline{D}$ ‖

80 2/4 D M | Sol $\overline{D}$ | Si L | Sol Sol | L | F | Sol | M |
D M | Sol $\overline{D}$ | Si L | Si $\overline{D}$ | $\overline{M}$ | $\overline{R}$ | $\overline{D}$ Sol | $\overline{D}$ ‖

28ᵉ Devoir

81. $\frac{3}{4}$ D R M | F D F | R M F | Sₐ R Sₐ | M F Sₐ | L M L |
F Sₐ L | Sᵢ F Sᵢ | Sₐ L Sᵢ | D̄ Sₐ | D̄ | R̄ L Sᵢ | D̄ Sₐ | D̄ ‖

82. $\frac{3}{4}$ D F D | F F D | R Sₐ R | Sₐ Sₐ R̄ | M L M | L L M |
F Sₐ F | Sᵢ Sᵢ F | Sₐ D̄ Sₐ | D̄ D̄ Sₐ | R̄ L Sᵢ | D̄ Sₐ | D̄ ‖

29ᵉ Devoir

L'Exercice Nº 85 se compose de Blanches pointées.

83. $\frac{3}{4}$ D̄ · | M · | R · | D̄ · | M · | F · | Sₐ · | D̄ · |
D̄ · | M · | R · | D̄ · | Sₐ · | Sᵢ · | D · | ‒ ‖

84. $\frac{2}{4}$ D̄ · R̄ · | M F Sₐ | R̄ ᶜ | D̄ · | R̄ · | M F Sₐ | M · | Sₐ · | D̄ · ‖

85. $\frac{2}{4}$ D̄ Sᵢ L | Sₐ F M | D̄ Sᵢ L | Sₐ F M | F · |
Sₐ · | L · | Sᵢ · | D̄ Sᵢ L | Sₐ F M |
D̄ Sᵢ L | Sₐ F M | F · | Sₐ · | D̄ · | D̄ · ‖

30ᵉ Devoir

86. $\frac{3}{4}$ D R M | D R M | F R R | F R R | M F Sₐ | M F Sₐ |
L F F | L F F | Sₐ L Sᵢ | D̄ · | Sₐ L Sᵢ | D̄ · ‖

87. $\frac{2}{4}$ Sₐ Sₐ Sₐ | L Sₐ | Sₐ Sₐ Sₐ | L Sₐ | D̄ D̄ Sᵢ | D̄ D̄ Sᵢ | L Sᵢ D̄ | R̄ · |
Sₐ Sₐ Sₐ | L Sₐ | Sₐ Sₐ Sₐ | L Sₐ | M̄ M̄ R̄ | D̄ L F | M R Sₐ | D̄ · ‖

31ᵉ Devoir

88. $\frac{2}{4}$ D M D | F M R | Sₐ L F | M F R | D M D |
F M R | Sₐ L Sᵢ | D̄ ᶜ ᶜ | Sₐ L Sᵢ | D̄ ᶜ ᶜ ‖

89. $\frac{2}{4}$ Sₐ Sₐ M | ‒ | Sₐ Sₐ M | ‒ | F M F | R M F | Sₐ L Sᵢ | D̄ M̄ D̄ |
Sₐ Sₐ M | ‒ | Sₐ Sₐ M | ‒ | F M F | R M F | Sₐ L Sᵢ | D̄ · ‖

32ᵉ Devoir

90. $\frac{2}{4}$ D R M | F Sₐ L | Sₐ L Sₐ | R̄ · | Sₐ L Sₐ |
R̄ · | D R M | F Sₐ L | D̄ Sₐ D̄ | R̄ · ‖

91. $\frac{2}{4}$ F L | D̄ L | Sₐ L | R D | F L | D̄ L | Sₐ L | F · ‖

92. $\frac{2}{4}$ Sₐ L Sₐ | F Sₐ F | M F Sₐ | R̄ ᶜ | Sₐ L Sₐ | F Sₐ F | M F Sₐ | R̄ ᶜ |
D R M | F F | M R D | R R | D R M | F Sₐ L | Sᵢ Sₐ R̄ | D̄ · ‖

33ᵉ. Devoir.

97. C | D R M F | S_ol D S_ol D | R M F S_ol | L R L R | M F S_ol L |
S_i M S_i M | F S_ol L 'S_i | D̄ F D̄ F | S_ol L S_i D̄ | R̄ S_ol S_ol D̄ ‖

94. C | D M S_ol M | D S_ol M D | R F L F | R L F R | M S_ol S_i S_ol |
M S_i S_ol M | F L D̄ L | F D̄ L F | S_ol S_i R̄ S_i | D̄ S_ol M D ‖

34ᵉ. Devoir.

Solfier et copier deux fois les Exercices Nᵒˢ 95 et 96.

35ᵉ. Devoir.

Les Exercices Nᵒˢ 97 et 98 se composent de *Rondes*, chaque Initiale représente outre le nom de la note, la valeur d'une *Ronde*.

97. C | D | R | F | M | F | L | S_ol | D ‖
98. C | D̄ | L | S_ol | M | S_ol | L | S_ol | M | R | D ‖
99. C | D | F M | R | S_ol F | M | L S_ol | F S_ol L S_i | D̄ ‖
100. C | D R M | F M | R M F | S_ol F M | F S_ol | L S_ol | F S_ol L S_i | D̄ ‖

36ᵉ. Devoir.

101. C | D̄ S_i L | S_ol F S_ol L | S_i L S_ol | F M F S_ol | L S_ol F | M R M F |
S_ol F R | F M D̄ | S_i D̄ | R M | S_ol F R M | D̄ ‖

102. C | D̄ L S_ol | D̄ L S_ol | L F M | R M F S_ol |
D̄ M̄ R̄ | D̄ L S_ol | F M R S_ol | D̄ · ‖

37ᵉ. Devoir.

103. C | D̄ D M D | F M R D | S_ol S_ol L D̄ | S_i L S_i S_ol |
D̄ D M D | F M R D | S_ol S_ol L D̄ | S_i S_ol D̄ ‖

104. C | S_ol L | S_ol M | F M R M | D R M D |
S_ol L S_i | D̄ L F | M R D R | D ‖

105. C | D̄ S_ol | D̄ S_i S_ol L | S_ol L | S_i S_ol F M S_ol |
D̄ S_ol | D̄ S_i L S_i | D̄ M̄ R̄ | D̄ ‖

10

38e Devoir.

105   C   L   S₁   D̄   S₁ | L r   ⌐ | S₁   D̄   S₁   L | S₁ r   ⌐ |
       L   S₁   D̄   S₁ | L r   ⌐ | S₁   D̄   S₁   L ‖

106   C   L   M   L   M | L   M | S₁   M   S₁   M | S₁   M |
       D̄   L   D̄ | S₁   D̄   Ē | D̄   L   S   M | L ‖

39e Devoir

107   C   D   M   ⌐ | F   R   ⌐ | M   Sol   ⌐ | L   F   ⌐ |
       Sol   F   M   R | Sol   L   ⌐ | L   D̄   S₁ | D̄ · r ‖

108   C   Sol   L | S₁   D̄   S₁   L | Sol   L | S₁ | Sol   L   S₁   D̄   S₁   L | Sol   L | S₁ ‖

109   C   D̄   R̄ | M   F   M   R | D̄   R̄ | M | D̄   R | M   F   M   R | D̄   R | D ‖

40e Devoir.

(*) Solfier et copier deux fois les Exercices N°. 110 à 111.

41e Devoir.

Les exercices N°. 112 à 114 se composent de *Croches*, chaque initiale représente outre le nom de la note, la valeur d'une *Croche*.

112   $\frac{2}{4}$ D R   M F   Sol L | D R   M F   Sol L | L Sol   F M   R D | L Sol   F M   R D |
        D L   L L   L L | Sol F   M R   D D | D L   L L   L L | Sol F   M R   D D ‖

113   $\frac{2}{4}$ D R   M F | Sol L   S₁   D̄ | R̄   D̄   S₁ L | Sol F   M R | D D   S₁ D | D D   S₁ D ‖

114   $\frac{2}{4}$ D R   M F | Sol Sol   Sol Sol | L Sol   L S₁ | D̄ Sol   M F |
        S₁ L   Sol F | M M   M F | M R   M R | D D   S₁ D ‖

115   C   D | R M | F Sol   L S₁ | D S₁ L Sol   F M R D | S₁ D   R M   F Sol   L S₁ | D ‖

42e Devoir.

116   $\frac{2}{4}$ D M   L Sol | F   M | R F   S₁ L | Sol   F | M Sol   D̄ S₁ |
        L   Sol | F L   R̄   D̄ | D̄   S₁ | L Sol | L Sol   L S₁   L D̄ ‖

117   $\frac{2}{4}$ R̄ R̄   D̄ S₁ | L S₁   D̄ | S₁   D̄ | S₁   L | Sol L   S₁ | L S₁   L Sol |
        F   Sol   L | Sol   F   M | F   M   R | D   M   Sol | D̄ ‖

118   C   D̄   R̄   M̄ | R̄   D̄ r | S₁   L   Sol   L | S₁   D̄   R̄   Sol |
        D̄   R̄   M̄ | R̄   D̄ | S₁   R̄   F̄   S₁ | D̄ · r ‖

43. Devoir.

119 C   L Si   L Si   L Si   L Si | D̄ D̄ M̄ ᵣ | Si D̄ Si D̄ Si D̄ Si D̄ | R̄ R̄ S, ᵣ |
         L Si   L Si   L Si   L Si | D̄ D̄ M̄ ᵣ | S, D̄ R̄ D̄ Si | L ⌐ ‖

120 C   Sol   Sol   Sol   Sol | M R D R M D | F F R R | S, S, R̄ |
         Sol   Sol   Sol   Sol | M R D R M D | F F R R | D̄ ‖

121 ⅔   M M ᵣ | F F ᵣ | Sol Sol F | M ᵣ ᵣ | L L ᵣ | D̄ D̄ ᵣ |
         S, D̄ L | Sol ᵣ ᵣ ᵣ | L L ᵣ | R M F | Sol Sol ᵣ |
         D R M | F F ᵣ | R M F | Sol Sol ᵣ | L ⋅ D̄ S, L |
         Sol ⋅ | M̄ D̄ Sol | F F ᵣ | R F M | D M Sol | D̄ ⋅ ‖

44. Devoir.

122 ⅔   M F M F M F | Sol Sol D̄ | S, S, R̄ | D̄ Si L Sol |
         M F M F M F | Sol Sol D̄ | Si L Sol F | M R D̄ ᵣ ‖

123 C   L Si D̄ D̄ D̄ | Si L Sol Sol Sol | F Sol L L L | Sol D̄ M M M |
         R M F F F | M R D D D | R M F F M R | D M Sol D̄ ᵣ ‖

45. Devoir.

124 C   L Si D̄ ⋅ Si R̄ Sol ⋅ F Sol L ⋅ Sol D̄ M ⋅ R M F ⋅ M R D̄ ⋅ R M F S, D̄ ⋅ ᵣ ‖

125 C   L Si D̄ D̄ ⌐ | Si R̄ Sol Sol ⌐ | F Sol L L ⌐ | Sol D̄ M M ⌐ |
         R M F F ⌐ | M R D D ⌐ | R M F F ⌐ | M R D ⌐ ‖

46. Devoir.

126 C   D̄ M Sol | D̄ S, L | S F M | R M F R | D̄ M Sol | D̄ S, L | Sol M F R | D ‖

127 C   D D D D | R M | F F F ᵣ | M R D M R D S, R | D M Sol ᵣ |
         D̄ D̄ D̄ D̄ | R̄ M | F̄ D̄ L ᵣ | Sol D̄ M Sol Si R | D̄ Sol M D̄ ᵣ |
         Sol Sol Sol Si ᵣ | Sol Sol Sol D̄ ᵣ | Sol Sol Sol R̄ S, | D̄ M R Sol ᵣ |
         D̄ D̄ D̄ D̄ R̄ M | F̄ D̄ L ᵣ | Sol D̄ M Sol Si R | D̄ Sol M D̄ ᵣ ‖

47. Devoir.

128 C   Sol ♯F | Sol ♯F Sol ♯F | Sol L | S, |
         D̄ S, | D̄ S, L Sol | Sol ♯F Sol ♯F | Sol ‖

129 C   Sol ♯F M R | M ♯F | S, S, R̄ S, R̄ S, D̄ L |
         Sol ♯F M R | M ♯F | S, S, R̄ S, | Sol ‖

130 C   Sol ♯F Sol | L Sol ♯F | Sol ♯F Sol | L Sol ♯F |
         M ♯F Sol | L S, L | Sol ♯F M ♯F | S, ‖

48ᵉ Devoir.

131 ♯⌐ C Sol Sol F R ‖ Sol Sol F R ‖ Sol Si L F ‖ Sol Si Ŕ ‖
Sol Sol F R ‖ Sol Sol F R ‖ Sol Si L F ‖ Sol · ‖‖

132 ♯⌐ 2/4 Sol M F ‖ Sol Sol ‖ L S Ð L ‖ Sol · ‖ M F Sol Si ‖ Si Si ‖
M F Sol L ‖ Si · ‖ Sol M F ‖ Sol Sol ‖ L Si Ð L ‖ Sol · ‖‖

133 3/4 Ð Si L Sol ‖ Ð Si L Sol ‖ F Sol L Si ‖ Ð Ŕ M̄ Ŕ ‖
Ð Si L Sol ‖ Ð Si L Sol ‖ F Sol L Si ‖ Ð Si Ð ‖‖

49ᵉ Devoir.

134 ♯⌐ 3/4 Sol Si Ŕ ‖ Sol Si Ŕ ‖ Ð Ð L ‖ Ð Ð L ‖
Sol Si Ŕ ‖ Sol Si Ŕ ‖ Ð Ð F ‖ Sol · ‖‖

135 ♯⌐ 3/4 Sol Si Ð Ŕ ‖ Sol Si Ð Ŕ ‖ Ð Ð L ‖ Ð M Ð L ‖
Sol Si Ð Ŕ ‖ Sol Si Ð Ŕ ‖ Ð Ð F ‖ Sol · ‖‖

136 ♯⌐ 3/4 Sol M R ‖ Sol M R ‖ Sol L Si ‖ R Ð L Si ‖ Sol M R ‖ Sol F Sol Ð ‖ Si L ‖ Sol · ‖‖

50ᵉ Devoir.

137 C L ♯Sol L ♯Sol ‖ L Ð Si L ‖ Si L Si L ‖ Si Ŕ Ð Si ‖
Ð M Ŕ Ð ‖ Si Ŕ Ð Si ‖ L ♯Sol L ♯Sol ‖ L ‖‖

138 3/4 Sol L Sol ‖ F R ‖ F Sol F ‖ M Ð ‖
M Sol Ð ‖ M Ð ‖ Sol Ð Si ‖ Ð ‖‖

51ᵉ Devoir.

139 ♯⌐ 3/4 Sol ‖ F · ‖ M · ‖ R · ‖ R M F ‖ Sol L Si ‖ Ŕ Ð Si ‖ L · ‖
Sol ‖ F · ‖ M · ‖ R · ‖ R M F ‖ Sol L Si ‖ Ð L Ŕ ‖ Sol · ‖‖

140 ♯⌐ C Sol F L Sol ‖ Ð Si L ‖ Sol Ð Ð M Ŕ ‖ Ð M F ‖ Sol · ‖‖

141 ♯⌐ 3/4 Sol L Si ‖ Sol L Si ‖ Ð L L ‖ Ð L L ‖ Si L Sol ‖ Si L Si ‖ L L Si ‖ L · ‖
Sol L Si ‖ Sol L Si ‖ Ð L L ‖ Ð L L ‖ Si L Sol ‖ L Si L ‖ Sol Sol Si ‖ Sol · ‖‖

52ᵉ Devoir.

142 2/4 Sol Sol Sol ‖ M M M ‖ D M ‖ Sol M F R R ‖ Sol Ð M Ð ‖ Sol M D R D ‖ R M ‖ Ð ‖‖

143 2/4 Sol Sol Sol Sol ‖ Sol ‖ M M M F ‖ R ‖ R F M R D M ‖ Sol Ð Si L ‖ Sol F ‖
Sol Sol Sol Sol ‖ Sol ‖ M M M F ‖ R ‖ R F M R ‖ D M Sol ‖ Ð ‖‖

53ᵉ Devoir.

144 2/4 Ð D R ‖ M ‖ — ‖ M M F ‖ Sol ‖ — ‖
Ð Ð Si ‖ L ‖ — ‖ Sol Sol Si ‖ Ð Ð ‖‖

145 2/4 D D R D ‖ D · R M M F ‖ M · F Sol Sol L ‖ Sol · L ‖
Si Si Ð Si ‖ D ‖ Sol · ‖ Si M ‖ Sol M ‖ Ð ‖‖

54ᵉ Devoir.

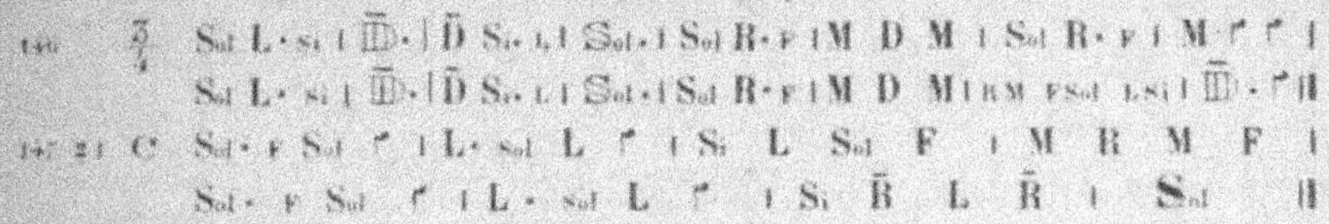

55ᵉ Devoir. (Voir page 15 N°187)

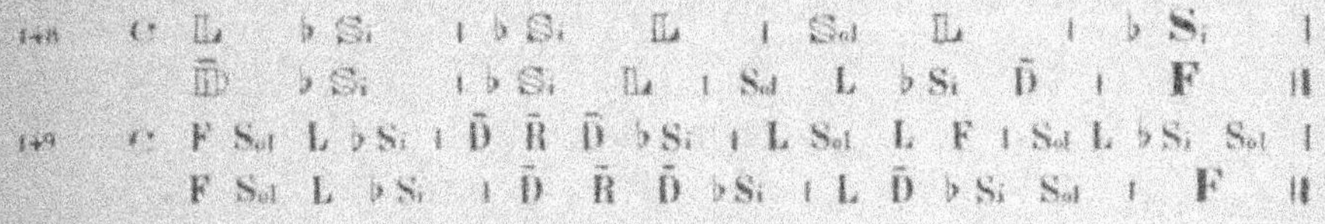

56ᵉ Devoir.

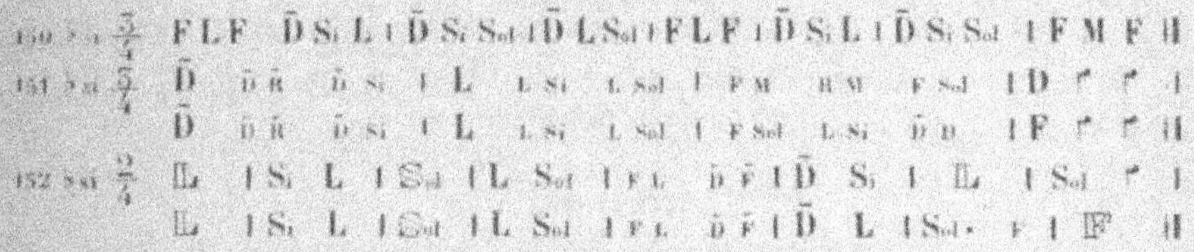

57ᵉ Devoir.

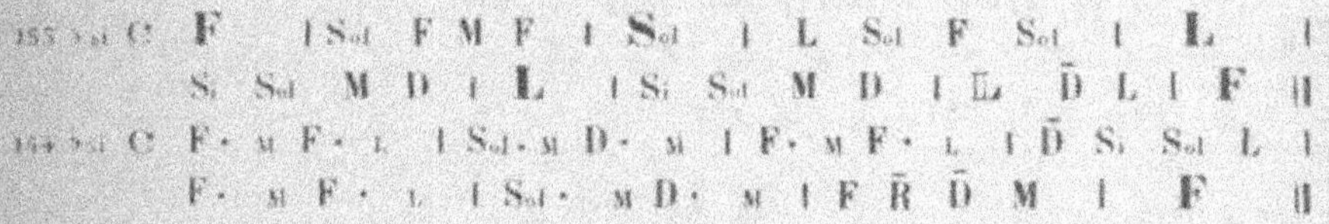

58ᵉ Devoir.

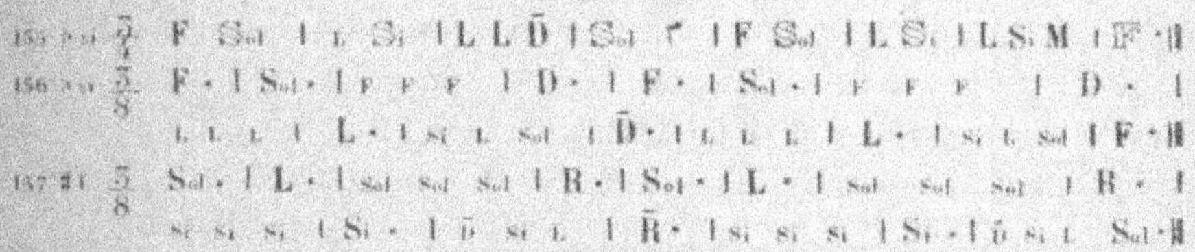

59ᵉ Devoir.

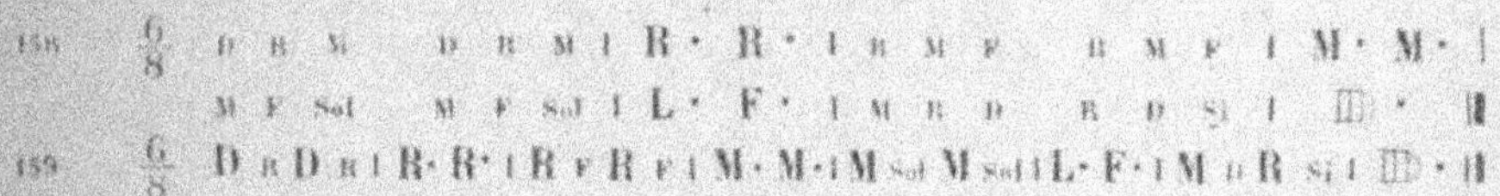

60ᵉ Devoir.

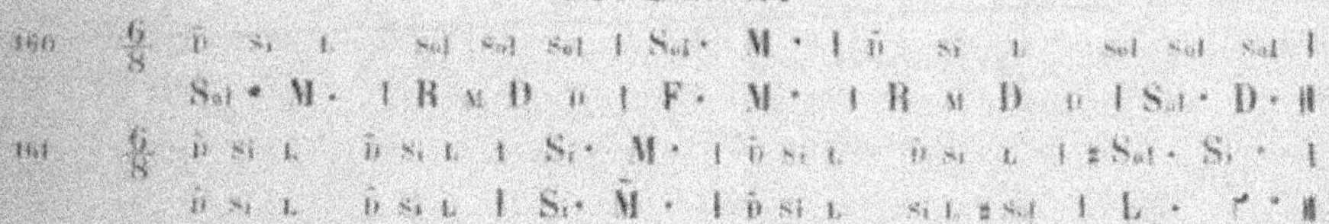

61ᵉ Devoir.

162 ...

163 ...

62ᵉ Devoir.

164 ...

165 ...

63ᵉ Devoir.

166 ...

64ᵉ Devoir.

167 ...

168 ...

65ᵉ Devoir.

169 ...

170 ...

66ᵉ Devoir.

171 ...

67ᵉ Devoir.

172 ...

173 ...

68ᵉ Devoir.

174 ...

175 ...

176 ...

69ᵉ. Devoir.

Solfier et copier les Exercices N.ᵒˢ 177 et 178.

70ᵉ. Devoir.

Les Exercices N.ᵒˢ 179 et 180 se composent de *Doubles-Croches* chaque Minuscule représente, outre le nom de la note, la valeur d'une Double-Croche.

71ᵉ. Devoir.

72ᵉ. Devoir.

Exercices pour habituer les élèves *à prendre le ton* eux-mêmes *d'après le Diapason.*

Avant l'Étude de chaque exercice le Professeur fera vibrer le *La* du diapason et habituera les élèves à chanter la petite formule pour bien établir le *ton.*

FIN

M. Coipote graveur R. d'Hauteville 45. Imp. Michelet et C.ᵉ R. St Denis 51-53.

9 782329 251004